DICAS PARA SERVIR

O LIVRO PARA APRENDER A SERVIR

INSTITUTO FEST QUALI

DICAS PARA SERVIR

O LIVRO PARA APRENDER A SERVIR

INSTITUTO FEST QUALI

Miguel Uribe

#Dicasparaservir

QUALITYMARK

Direção Editorial	Produção Editorial
SAIDUL RAHMAN MAHOMED Editor@qualitymark.com.br	**EQUIPE QUALITYMARK**
Editoração e Capa	Tradução
RODRIGO BARBOZA	**KARYNA FERNANDES**

CIP-BRASIL. CATALOGAÇÃO NA PUBLICAÇÃO
SINDICATO NACIONAL DOS EDITORES DE LIVROS, RJ

U72d

Uribe, Miguel
Dicas para servir : o livro para aprender a servir / Miguel Uribe ; tradução Karyna Fernandes. - 1. ed. - Rio de Janeiro : Qualitymark, 2023.
232 p. : il. ; 21 cm.

Tradução de: Serving tips
ISBN 978-85-414-0425-9

1. Comércio. 2. Negócios. I. Ribeiro, Evandro. II. Título.

23-83558. CDD: 658.87
CDU: 658.87

Gabriela Faray Ferreira Lopes - Bibliotecária - CRB-7/6643

2023
IMPRESSO NO BRASIL

Qualitymark Editora Ltda.
Rua Carlos Machado, 155 / Sala 207 - Polo Cine e Video - Jacarepaguá
CEP: 22775-042 - Rio de Janeiro - RJ

www.qualitymark.com.br
E-mail: quality@qualitymark.com.br
Tels.: (21) 3597-9055 / 3597-9056
Vendas: (21) 3296-7649

APRESENTAÇÃO

Um prazer ter você lendo nossas edições.

Vou te contar uma coisa, que poucas pessoas sabem, para tratar a Qualidade como ela realmente é, fascinante, lucrativa e adaptável, o Movimento FestQuali promove desde 2019 eventos sustentáveis voltados para disseminar o que o mercado está chamando de Qualidade Ampla.

Com a Qualidade Ampla o foco é bem maior do que apenas normas ou certificações, é um modo inteligente e sustentável de gerir uma organização olhando o presente associado à visão de futuro sustentável.

Quer conhecer mais sobre a Qualidade Ampla?

Acompanhe nossas atividades, escute nossos palestrantes, siga as empresas mantenedoras do nosso Movimento, compareça em nossos eventos presenciais e divulgue nossas publicações.

Através do site www.festquali.com.br você tem várias opções para se envolver com nosso Movimento, que une pessoas, leva conhecimentos práticos às empresas e vai te colocar em lugar de destaque no mercado!

Boa leitura, grande abraço!

Evandro Ribeiro & Nayara Silva

PREFÁCIO

Recebi com alegria o convite de Evandro Ribeiro e Saidul Mahomed para prefaciar a versão brasileira do livro Dicas para Servir, cuja versão em espanhol tivera o prazer de conhecer.

Fazer a releitura foi uma experiência agradável e rica, dada a forma como Miguel Uribe trata os temas serviço, servir e viver, de modo integrado, com ensinamentos para todos nós, independente da área em que atuamos, vivermos melhor, fazermos mais e entregarmos mais.

Miguel conduz o leitor a uma jornada de 19 semanas de aprendizado, reflexão e prática dos ensinamentos que compartilha ao longo o livro.

O livro traz conteúdo rico, de sentido prático e objetivo, ora com conceitos, ora com princípios, ora com reflexões que nos levam a entender como podemos nos colocar a serviço do outro, seja o outro um cliente, um amigo, um colega, e como podemos servir, pois, como preconiza, "O serviço é a essência, é o princípio da vida!"

É tentador trazer alguns tópicos do livro, e ao mesmo tempo desafiador, ser respeitoso em não antecipar seu conteúdo para o leitor que, certamente, terá dificuldade em se limitar a acessar cada conjunto de dicas apenas a cada semana, de forma disciplinada, como o autor propõe. Uma vez iniciada a leitura, não dá vontade de interromper.

Já que, nas palavras do autor, um princípio a adotar é o "servir como começo, meio e fim", sirvo-me das letras, neste momento, para retribuir um pouco o aprendizado que tive por ler, em primeira mão, o livro.

Desta forma, faço a seguir um pequeno registro sintético de cada semana de aprendizado que o leitor terá pela frente.

Na semana 1, Miguel nos provoca a estarmos "preparados, atentos e dispostos!", uma vez que "todos nós podemos servir" e "sempre podemos servir de uma ou de outra forma", bastando para isto "perguntar se podem nos dar a oportunidade" (semana 2). Na semana 3, ele sugere que reconheçamos e desenvolvamos o potencial do nosso serviço, no nosso negócio.

A Mentalidade vencedora, na semana 4, nos leva a perceber as oportunidades de poder brindar atenção e um serviço competitivo, criativo e de sucesso, sem esquecer de que o serviço precisa ser humanizado (semana 5), pois os clientes não são apenas bilhetes de vendas, faturas, nichos ou mercados e, assim, poderemos estar acima da média (semana 6), pois o serviço vende e se manifesta em nossa atitude e intenção.

A semana 7 nos convoca a termos sensibilidade e querer servir para poder trabalhar e gerar resultados por meio do serviço, incrementando vendas e ganhando clientes, utilizando o nosso potencial de especialistas (semana 8) e adotar decisões para servir (semana 9) com atitude positiva, sermos e estarmos agradecidos, desenvolvendo os melhores hábitos.

Na semana 10, Miguel propõe a confirmação de nossa importante decisão, encorajando-nos a dar o primeiro passo e sermos serviçalmente diferentes (semana 11), planejando e atuando para sermos altamente e internacionalmente competitivos e, assim, podermos nos destacar, nos diferenciarmos, sem deixar de lembrar que servir é ser muito humano (semana 12), afinal, não somos robôs, máquinas, escravos, enfim, não somos descartáveis.

A semana 13 é utilizada para nos mostrar o poder do serviço, e que este tem relação direta e proporcional com o estado e o nível de consciência, para atingir os objetivos com base nos princípios e valores que nos definem. Entender que as vendas são e serão o resultado do servir aparece na semana 14 e, para isso, na semana 15, faz-se necessário ganhar tempo para voltar a servir, fazendo uso das palavras que ajudarão a ganhar tempo para voltar a servir, consertar, corrigir, conseguir, compensar e entregar mais do que se espera.

Nesse sentido, algumas expressões mágicas são apresentadas na semana 16, como: Estamos prontos para servir! • Em frente! • Por favor, por favor! • O prazer é meu! • É claro que sim! • Muito prazer em conhecê-lo! • Em seguida! • Pra já! • Vou correndo!

Na semana 17, Miguel nos leva a fazer uso de expressões para demonstrar gratidão: Obrigado por nos convidar. •

Obrigado por chegar. • Obrigado por sua confiança. • Obrigado por esta oportunidade, entre outras.

Miguel utiliza a semana 18 para registrar que o serviço deve ser memorável e inesquecível, e que para isso é preciso lembrar de que são necessárias toneladas de atitudes, habilidades extraordinárias, informações, dados e conhecimento.

Por fim, na semana 19, Miguel nos provoca a refletir sobre se queremos viver, se queremos servir. E complementa, enfatizando que decidir servir emociona, entusiasma, gera felicidade e transforma. Ele finaliza reafirmando que servir é questão de acreditar, decidir, agir, ter a atitude, o firme compromisso e uma clara e inspiradora convicção do que é.

Enfim, a jornada de 19 semanas proposta por Miguel Uribe é um agradável e prazeroso movimento que podemos empreender, para que possamos viver, servir e proporcionar maiores e melhores resultados, como pessoas e como profissionais.

Repito a sentença em que Miguel fundamenta seu livro: devemos adotar o "servir como começo, meio e fim".

Boa leitura! Bons aprendizados! Bons serviços!

Kleber Nóbrega
Doutor em Engenharia de Produção, com ênfase em Gestão de Serviços - POLI-USP

INTRODUÇÃO

O que você faz? Você gosta? Está satisfeito? Você faz o seu melhor? Seus clientes recomendam? São seus fãs?

O serviço é a decisão do êxito…

Cada pessoa contém em si mesma um presente para os demais, um tesouro de conhecimentos, habilidades, talentos e qualidades que serve para o desenvolvimento de nossa vida e que representa uma oportunidade para servir.

Aprenda estratégias, modifique atitudes e faça do serviço a sua carta na manga para cativar os seus clientes. Assuma e compreenda de uma vez que as grandes conquistas empresariais, financeiras, laborais, inclusive seus relacionamentos pessoais, dependem da qualidade, do calor e da paixão que você coloca em suas ações.

DECIDA SERVIR E TODAS AS DEMAIS COISAS PODERÃO ACONTECER…

Que o seu serviço seja a característica de vantagem única que lhe permita competir, sobressair-se e negociar em tudo.

APRESENTAÇÃO

O Instituto FestQuali recebeu do autor a outorga e cessão total dos direitos para poder servir a todos os leitores, a toda comunidade empreendedora, empresarial, estudantil, universitária e acadêmica, e a vendedores, gerentes, líderes e donos de negócios com o nobre propósito de ensinar, motivar e inspirar a servir com atitude, criatividade e estratégia.

Ao compartilhar e utilizar o conteúdo da presente obra por parte do leitor, tem-se a única condição de dar o reconhecimento e fazer menção do autor, Miguel Uribe.

Todo o conteúdo e as partes deste livro podem ser reproduzidos de forma escrita e digital e ser projetados sempre e quando forem apresentados a fonte, o nome do autor e a hashtag *#Dicasparaservir.*

e-mail: contato@festquali.com.br

Tel: +55 31 4101-1033

Tel. +52 3314272555

E-mail: conferencias@migueluribe.mx

www.linkedin.com/in/migueluribeelserviciologo/

www.migueluribe.mx

GRATIDÃO

Ao Autor intelectual do serviço, Deus, com toda a minha gratidão e meu total reconhecimento de que tudo o que existe é para servir e que tudo é possível graças a Ele.

Em meio a uma grande tempestade empresarial, comercial, econômica, política e social e com todo o tipo de emoções e sentimentos encontrados, presenteie-se com a oportunidade de perceber que o mundo está cheio de oportunidades para se viver e servir.

Com muito carinho, coloco um livro em suas mãos que serve. Digo isso no sentido mais preciso da palavra serviço, tema central que ocupa a minha proposta nestas páginas. De todo o meu coração, desejo que esta leitura seja de grande utilidade e benefício para a sua vida, a da sua família, a da sua equipe e a do seu negócio.

A todas as pessoas, negócios, empresas e marcas que ao longo da minha vida têm me aberto portas, escutado, ensinado, inspirado, motivado e dito: "Bora, Miguel! Tornemos isto possível!".

Miguel Uribe

PARA QUEM SÃO AS DICAS PARA SERVIR?

Para todos os que querem o mundo melhor do que é, para os que trabalham e servem pelos resultados que desejam obter, para os que apreciam a amizade, os sorrisos, a amabilidade, as saudações, a boa energia...

É para os que o todo tempo mantêm contato presencial e digital com clientes, usuários, fornecedores, colaboradores, sócios...

É para os que lideram uma equipe ou que fazem parte de alguma... com certeza que este livro é para você!

Este livro pode servir para que você sirva mais e melhor!

Instruções para Ler o Livro Dicas para Servir

1. Ter uma mente aberta, atenta e disposta.

2. Determinar um espaço para a leitura, de pelo menos uma dica por dia, refletindo sobre ela e colocando-a em ação.

3. Fazer anotações, sublinhar e ressaltar os conceitos e ideias que sejam chamativos ou relevantes.

4. Decidir que a disposição de atender e servir será o conceito receptor de sua leitura.

5. Fazer conclusões, definir ações, compromissos e datas para iniciar, avaliar, corrigir e melhorar.

6. Autoavaliar-se, notar áreas de melhoria e, se for pertinente, recompensar-se pelos resultados e as novas formas de servir que você tenha desenvolvido.

7. Compartilhar a leitura, as reflexões e a experiência.

8. Inspirar, motivar e ensinar outras pessoas para poder servir.

9. Querer aprender, empreender, inovar e servir.

* *Ao final de cada semana — a cada sete dicas —, você terá uma folha para realizar anotações, reflexões e compromissos que lhe manterão em ação para que você possa proporcionar uma melhor estrutura às suas ideias e aos seus novos planos para servir:*

Folha de Resumo Semanal
Resumo + Reflexão = Ação

Anote as reflexões e as decisões que você tomará.

1. ______________________________
2. ______________________________
3. ______________________________
4. ______________________________
5. ______________________________
6. ______________________________
7. ______________________________
8. ______________________________
9. ______________________________
10. ______________________________

Nome, data e assinatura

É URGENTE, IMEDIATO... JÁ!!!

DICAS PARA SERVIR

Dicas para Servir é uma leitura rápida, reflexiva e motivadora.

Trata-se de conselhos práticos, assumidos e comprovados para servir com a melhor atitude, aproveitar nossa inteligência e criatividade, criar estratégias para ser uma opção única, competitiva e diferenciada em um mundo onde há de tudo e para todos.

Este livro tem o intuito de formar você como uma pessoa que serve para servir. Ao mesmo tempo, é um guia, um livro de trabalho. Toda semana você pode identificar as fortalezas de seu serviço, ser consciente das áreas de oportunidade, da debilidade a ser fortalecida, das ameaças internas e externas que fazem com que você perca tempo, dinheiro, oportunidades e clientes.

Use os formatos que estão incluídos nesta obra para melhorar a atenção, o serviço e a experiência.

Por favor, preencha toda semana a folha de "Resumo + Reflexão = Ação", e a cada trinta dias analise os números, os KPIs* que manterão você consciente de suas decisões.

---

* Indicador-chave ou medidor de desempenho ou indicador-chave de rendimento. É uma medida do nível de rendimento de um processo que é expresso em porcentagem.

Juntos, poderemos evoluir ao ritmo de sua leitura; você perceberá que tudo pode acontecer e terá a capacidade de transformar tudo em uma oportunidade para você.

tipsparaservir@gmail.com

conferencias@miguelurib.mx

www.migueluribe.mx

Por WhatsApp: +523314272555

Caso tenha dúvidas, perguntas ou sugestões, entre em contato para aproveitar ao máximo cada ideia, conceito e sugestão:

Uma Leitura Prática, Útil e Relevante

Garantir que aconteçam as coisas, que se obtenham os resultados de que você necessita, deseja ou espera em toda sua atividade profissional, empresarial e de negócio, exige de você hoje, mais do que nunca, estar preparado, atualizado e saber, entender e compreender muitos quesitos.

Temos a oportunidade de reconhecer, agradecer e festejar a presença e permanência, o desenvolvimento e a transcendência que se pode ter na vida em um momento único na história mundial: o dia de hoje!

Por experiência pessoal, dei-me conta de que fazer com que aconteça o melhor exige de nós convicção, uma firme decisão, uma atitude conveniente, correta e disposta, assim como uma mentalidade aberta para poder apreciar a oportunidade de aprender, empreender, decidir, trabalhar e, em apenas uma palavra, servir!

Precisamos reconhecer os princípios que asseguram, garantem e dão suporte ao resultado de toda decisão. No desenrolar da leitura, do ano ou em meu programa de reforço e continuidade, você poderá decidir lembrar, renovar e se comprometer com a ideia e disposição de servir. Dessa forma, com certeza você poderá expressar o que há de melhor em você sempre servindo.

Na nova normalidade, adotemos, adaptemos, renovemos e reinventemos nossas ideias, práticas e gestos que expressam de forma explícita a intenção de poder, saber e querer servir.

Seja bem-vindo(a) a uma realidade que funciona em sintonia com um universo que serve, que oferece, que se renova e se recria ao abrir opções e oportunidades de vida para tudo e para todos.

O serviço é a essência, é o princípio da vida!

MAS... QUEM SOU EU?

É provável e muito válido que você se pergunte: "e quem é este para falar do que fala ou para falar sobre como fala comigo?".

Meu nome é **Miguel Uribe Maeda.**

A primeira vez que nasci foi em Guadalajara, México, uma terça-feira, dia 20 de novembro de 1973, aos sete meses de gestação.

Sou o primogênito de uma família trabalhadora, conservadora e empreendedora.

Num sábado, dia 17 de agosto de 1996, voltei a nascer depois de um impactante acidente de moto. Como consequência, tive diversas hemorragias internas, hematomas, uma evidente perda de memória e envolvimento da psicomotricidade resultante de múltiplos hematomas intracranianos devido ao golpe no acidente. Tudo isto somado à ausência de meu pai pela sua morte e, meses depois, uma terrível crise emocional e econômica que me motivou a buscar a verdade, o porquê e o para quê.

Agora, sou cristão e acredito no DEUS de Israel, de Yeshua Hamasiaj - Jesus e o Espírito Santo. Acredito no amor de verdade e aprecio de forma especial o valor e o significado da amizade.

Minha comida favorita é o *chile en nogada*, o *sushi*, o tabule e o *hummus*. O café, o mezcal e o gin sempre me animam e serão um grande pretexto.

Meu destino começou a se configurar com aquela primeira venda no colégio, no ensino médio, que me motivou a continuar propondo, oferecendo e vendendo, inspirado, motivado e patrocinado por meu pai, Leonardo Uribe. Isso aconteceu aos 12 anos de idade. Vendia camisetas, brinquedos, discos LP e doces importados, *trapper kepper's* (umas pastas da época), patinetes, *walkmans*, até que cheguei ao *design* e à venda de bolsas impressas.

Depois, por meio do design *gráfico* no negócio familiar, entendi o valor do *design* e o mercado. Tive o prazer e a grande oportunidade de trabalhar como assistente nos departamentos de extensão acadêmica junto à EGADE, do Tec de Monterrey do Campus Guadalajara, e no Departamento de Comunicação e Desenvolvimento, junto à reitoria da Universidade Autônoma de Guadalajara, e desde então fui consciente da relevância do serviço. Ali, tornei-me um apaixonado em servir!

Um tempo depois resolvi compartilhar essa paixão pelo servir e comecei a dar cursos, *workshops* e conferências para empreendedores e equipes de vendas por todo o México. Depois, em toda a América Latina. Atualmente, consideram-me um dos palestrantes referentes e mais relevantes do México para falar a respeito do serviço ao cliente: **Miguel Uribe, El Serviciólogo®.**

Com uma proposta clara e definida, com as lições que dia a dia continuo aprendendo, hoje eu lhes posso assegurar que a arte de servir é a estratégia, o serviço é a melhor decisão. **O Serviço (Servir) Vende.**

PARA QUEM SERVEM AS DICAS?

As "dicas para servir" são o resultado de um desejo muito especial por ajudar empreendedores, donos de negócios, executivos, vendedores e trabalhadores para lhes motivar e ensinar a servir por convicção, com toda a atitude, potencializando a criatividade e estabelecendo um compromisso honesto e sincero junto à técnica, informação, tecnologia e estratégia.

Este livro começou a ser escrito desde o dia primeiro neste plano existencial. Deus teve por bem me servir com o privilégio de existir. Minha mãe serviu como meu veículo e porta de entrada neste maravilhoso mundo. Ao longo da minha vida, tenho me convencido de que servir é a linguagem em que opera o universo, onde tudo serve. É por isso que hoje trago para você a primeira apresentação do meu esforço literário, minha contribuição consciente para os que temos decidido sair adiante, crescer, alcançar, transcender, cumprir nosso propósito, deixar um legado.

Independentemente de você realizar qualquer função ou trabalho, ou de você ter a posição ou responsabilidade que tiver, estas páginas são para todos os que anseiam e trabalham para que o mundo seja melhor. Desejo que, a partir de sua leitura, se possam obter mais e melhores resultados, os mais convenientes, de uma forma correta e justa.

Esta é e será uma leitura para os que apreciam o significado da oportunidade.

Ao longo da leitura, poderemos aprender e crescer juntos.

É para os que desfrutam da proximidade com as pessoas, seja de maneira presencial, seja remota, com os clientes, consumidores, prospectos, compradores, usuários, com as pessoas que dão sentido e significado ao nosso dia. Tenho certeza de que você os reconhece, aprecia, admira e ama.

Onde quer que você trabalhe: aeroportos, livrarias, centros de contato, lojas, agências de veículos, de publicidade, de representantes, de *meeting planner*, de colocação ou de relações públicas, a mesma coisa que em boutiques, sapatarias, joalherias, hotéis, clubes, restaurantes, em bancos, oficinas e corporativos, dependências de governo, hospitais, universidades, *co-works*, teatros, linhas aéreas, em barcos, trens, franquias, tendas de departamento, igrejas, congregações, agências funerárias, áreas de atenção e serviço, bares, salões, estéticas e *spas*, companhias marítimas, parques aquáticos, centros de entretenimento e lazer, museus, centros comerciais, câmaras de comércio e industriais, cinemas, empresas de segurança e limpeza, taquerias, *valet parking*, comercializadoras, grupo de assessores, profissões, qualquer profissão ou atividade que produza bem-estar...

O que for! Independentemente de qual seja o seu trabalho! Certamente este livro é para você!

Pode lhe servir!

ÍNDICE DE DICAS:

42. O serviço ao cliente não é deixado à sorte

- **SEMANA 6**

43. Os 14 indispensáveis
44. Acima da média
45. Expressões antisserviço
46. Dê-lhe o seu lugar, dê o reconhecimento
47. O culpado de tudo
48. Predisposto
49. É determinante...

- **SEMANA 7**

50. É exigente
51. Se não há clientes, não há negócios
52. Não cabem
53. Seus pensamentos são importantes
54. Querer servir para poder trabalhar
55. Confirma-se com os resultados
56. Ligue hoje!

- **SEMANA 8**

57. É a desculpa, é a razão
58. É o que você decide que seja
59. Faça! Você é um especialista!
60. Trabalhe como se você fosse

Pausa para Análise de Variáveis Determinantes

61. Evite sempre
62. Uma visão inspiradora
63. Servir é a máxima

- **SEMANA 9**

64. Preparado, informado e motivado
65. Você é e será o que quiser ser
66. Em modo de serviço
67. Confirme que você entende
68. Expresse o que lhe importa
69. Decisões para servir
70. Compromisso, responsabilidade e envolvimento

- **SEMANA 10**

71. Por favor, que tudo seja perfeito
72. Clientes para toda a vida
73. Um estado de consciência ativo
74. Gerar empatia
75. Compartilhar o melhor de você
76. Rapidamente
77. A confirmação de sua importante decisão

- **SEMANA 11**

78. Oportunidade e possibilidade
79. Posicionamento
80. A colheita da sementeira
81. É o que todos exigem
82. Por não fazer a tarefa, menos oportunidades

121. Sem que doa
122. Você ainda pode continuar
123. Até à próxima vez!
124. É e sempre será
125. Conquistar sua vida
126. Servir tem eco na eternidade

- **SEMANA 18**

127. Aí está o detalhe
128. É o que vale
129. Memorável e inesquecível
130. É para servir
131. Que chato!
132. Uma linha tênue
133. Chame-me pelo meu nome! Sou seu cliente!

- **SEMANA 19**

134. Não deixe que...
135. Você quer viver? Decida servir!

Como você poderá perceber, estou compartilhando com você minhas dicas, ideias, conselhos, recomendações, princípios, crenças e experiência para você se desenvolver na arte de servir.

A lista acima detalha o panorama industrial, sendo assim, todas e cada uma das luzes se acendem no caminho de sua leitura, convidando você a viver sua transformação como um servidor de excelência, não somente como um leitor passivo, senão involucrado a ir colocando em prática cada um desses exercícios de melhoria, realizando de forma pontual as pausas para análises de variáveis determinantes, elaborando um resumo geral no qual você pode estabelecer seu aprendizado e sua proposta pessoal, escrevendo ao final da leitura:

Servir significa e representa...

Um momento de avançar o percurso, um desfile de recomendações colhidas em toda uma trajetória de plantio e colheita de experiências, de aprendizados vivenciados e recebidos de mãos de provedores, amigos, principais gerentes, empresários de destaque, colaboradores, empreendedores, professores, mas, sobretudo, de clientes, de pessoas que tenho tido o privilégio de servir com toda a minha paixão, entusiasmo e ideias.

São 135 pontos pessoais, propostas concretas e práticas para que vá traçando em você um profissional do serviço, um serviçólogo.

Que você desfrute lê-lo
tanto quanto gostei de escrevê-lo...

135
Dicas para Servir

DICA N.º 1

A DECISÃO É MINHA!

Decida Servir

Servir é a decisão mais transcendental do ser humano.

Podemos servir para que as coisas aconteçam, para que aconteça o melhor.

Servir:

- GERA;
- PRODUZ;
- TRANSFORMA;
- EMOCIONA;
- ENTUSIASMA;
- CONECTA;
- TRANSCENDE.

DICA N.º 2

DIRETAMENTE PROPORCIONAL

Ofereça o serviço que gostaria de receber.

A qualidade, o calor e a atenção que você recebe geralmente é diretamente proporcional à qualidade, ao calor e à atenção que você entrega.

DICA N.º 3

OPORTUNIDADE PARA TODOS

Quando você decide servir, tudo se torna uma oportunidade!

A oportunidade é para todos, para você, para sua equipe, fornecedores, família, empresa, comunidade, sociedade e para o cliente.

***Cliente:** *toda pessoa que encontramos no caminho e que representa uma oportunidade de ajuda, de apoio, de serviço...*

DICA N.º 4

NÃO LEVE PARA O LADO PESSOAL

São circunstanciais...

As opiniões, as reações, as atitudes, as saudações, os sorrisos, os gestos ou caretas, as reclamações, a indiferença, os silêncios, os espaços, as distâncias, o contexto, os gostos, as preferências e tendências, as queixas, os gritos ou os "alertas de mãe" do cliente...

Não são levados para o lado pessoal!

Esses pontos devem ser tratados como um tema profissional e traduzidos como oportunidades.

DICA N.º 5

TRATA-SE DE AÇÕES INTELIGENTES

O serviço ao cliente...

Não se trata só de amabilidade, cortesia, sorrisos e boa intenção.

"Trata-se de ações inteligentes...

...e resultados"

É a gestão com eficiência, operação produtiva, tempos, agilidade, rapidez, respostas efetivas, soluções, facilidade, criatividade, números, conexão, sistemas, tecnologia, ROI*, processos e experiência que satisfazem muito mais que expectativas e caprichos.

* Return On Investment - ROI: o retorno da inversão é o valor econômico gerado como resultado da realização de diversas atividades de marketing.

DICA N.º 6

VOCÊ NUNCA SABE!

No primeiro contato...

Muitas vezes você não sabe quem está atendendo, quem está recebendo, com quem está conversando, a quem lhe apresentam, quem você vai poder ajudar ou a quem você vai poder servir, de onde vem nem aonde vai, então nunca perca a chance de viver a emocionante aventura que supõe servir.

DICA N.º 7

PARA QUE O SERVIÇO SIRVA...

O que é apresentado a seguir é fundamental, pois apoia o seu presente e projeta o seu futuro:

- *A congruência;*
- *A consciência;*
- *A consistência;*
- *A constância.*

Estas quatro características lhe ajudarão a que a atenção, o serviço ao cliente e a experiência de marca gerem valor, vendas, oportunidades, clientes, bons relacionamentos, bons negócios, resultados e, com isso, melhores amigos.

Folha de Resumo Semanal
Resumo + Reflexão = Ação

Anote as reflexões e as decisões que você tomará.

1. ____________________

2. ____________________

3. ____________________

4. ____________________

5. ____________________

6. ____________________

7. ____________________

8. ____________________

9. ____________________

10. ____________________

Nome, data e assinatura

É URGENTE, IMEDIATO... JÁ!!!

DICA N.º 8

PREPARADOS, ATENTOS E DISPOSTOS!

A sorte se veste de oportunidade!

Procuremos estar preparados da melhor forma, sempre atentos e dispostos.

É o momento de poder apreciar as oportunidades, reconhecê-las, recebê-las e abraçá-las. Identificar os momentos, propor os encontros, fazer com que as coisas aconteçam, que aconteça o melhor!

O serviço, a atenção ao cliente e as experiências da marca sempre geram oportunidades e fazem com que a sorte sorria, se vista para você, lhe abrace e fique com você.

DICA N.º 9

FAZER, TER E MANTER

Emocione, surpreenda e encante!

Que sua estratégia de negócio esteja focada em fazer, em ter e em manter clientes para sempre, para toda a vida!

Clientes que estejam felizes, contentes, satisfeitos e agradecidos por conhecer-lhe, por poderem fazer negócios com você, com a sua marca, com a sua área, com a sua empresa e com a sua família.

DICA N.º 10

OS CLIENTES SÃO A RAZÃO

O cliente não sempre tem a razão!

Será melhor que todos os seus clientes sintam que têm a razão quando estão com você, ainda que em certas ocasiões eles não a tenham.

Você poderá ter a razão, mas sem clientes…

Com certeza, se eles não sentem que a têm quando estão com você, você lhes motivará a buscar outras opções e eles irão para a concorrência. Pode ser que eles sejam mais empáticos, inclusive mais inteligentes, porque eles, com certeza, darão a razão aos seus clientes.

DICA N.º 11

ENSINE, RELEMBRE E NÃO SE ESQUEÇA

As primeiras coisas que você tem de aprender, ensinar e relembrar são...

1. Quanto custa encontrar, atrair, interessar, atender, inspirar, convencer e ganhar um cliente?

2. O que um cliente pode representar?

3. Qual é o valor representativo de um cliente?

4. O que se perde quando os clientes não retornam, não recomendam e já não compram de você?

5. Qual é o índice de recomendação? (NPS)

6. Qual é a taxa de recompra?

7. Quais são as queixas recorrentes e como responder a elas?

DICA N.º 12

NINGUÉM GOSTA DE PERDER

O serviço pode mudar e melhorar imediatamente quando você é consciente do custo e do valor da oportunidade.

Todos nós gostamos de ganhar e ninguém gosta de perder.

DICA N.º 13

A COMPETÊNCIA É QUE GANHARÁ

Sem os melhores fornecedores, uma visão global, sem uma liderança, sem clientes internos qualificados, sem o pessoal com a atitude e o espírito de serviço, sem as habilidades, os talentos, o carisma, o sorriso e o coração, sem a informação e o conhecimento, sem o perfil ideal para brindar as respostas corretas e sem a experiência que é necessária.

Isso fará com que tudo se perca: o tempo, os recursos, o dinheiro, as ideias, a inversão, o patrimônio, a carreira, os prospectos, os clientes, o pessoal, os sócios, a oportunidade.

Assim é como a competência ganhará…

DICA N.º 14

SEM CLIENTES, NÃO HÁ NEGÓCIOS

É o momento de poder apreciar os clientes, não só pelo que compram ou faturam. Concentre-se em todos os clientes, sejam eles internos, a equipe, sejam eles externos, quem compra de nós e por meios digitais.

Sem clientes, não há negócios. Sem clientes, não há nada.

Folha de Resumo Semanal

Resumo + Reflexão = Ação

Anote as reflexões e as decisões que você tomará.

1. ______________________________

2. ______________________________

3. ______________________________

4. ______________________________

5. ______________________________

6. ______________________________

7. ______________________________

8. ______________________________

9. ______________________________

10. ______________________________

Nome, data e assinatura

É URGENTE, IMEDIATO… JÁ!!!

DICA N.º 15

É GRAÇAS A ELES

Se você cuida de toda a sua equipe...

Do pessoal, do capital e do talento humano, dos que são profissionais, especialistas e peritos, dos que são criativos, dos que sabem, entendem e gostam de pensar, dos que fazem as coisas, cumprem com o prometido, são responsáveis e dão resultados, dos que querem e podem, dos que são leais, honestos, sinceros, dos que trabalham e servem em todo momento, em sua empresa, em seus negócios, na vida...

Se você cuida deles, com toda certeza eles também cuidarão de você.

Eles são os clientes internos, e eles, por sua vez, cuidarão dos clientes externos!

DICA N.º 16

INIMIGOS E PERIGOS DO SERVIÇO

São inimigos e perigos do serviço:

- A IGNORÂNCIA;
- A INDIFERENÇA;
- A DISTRAÇÃO;
- A ARROGÂNCIA;
- O DESCUIDO;
- A NECESSIDADE;
- A MEDIOCRIDADE.

E, CLARO...

- NÃO QUERER SERVIR!

DICA N.º 17

ISTO É VERDADE! TODOS QUEREMOS!

Todos os clientes querem sentir em algum momento do dia e da vida que podemos ser...

- IMPORTANTES;
- VALIOSOS;
- ESPECIAIS;
- ÚNICOS.

E, por favor, quando os clientes estiverem com você, conversem, tenham contato e que eles recebam algo de você que seja para eles seu melhor momento do dia, que seja "a experiência". Que seja...

- INCRÍVEL.

Que sejam seus convidados de honra, que sejam seus melhores amigos!

DICA N.º 18

O SERVIÇO VENDE®

Servir é uma decisão que sempre será conveniente, produtiva, rentável e transcendental.

Convém a você decidir servir!

DICA N.º 19

TODOS PODEMOS SERVIR

Todos podemos servir com…

Nossos silêncios, com cada uma de nossas ações, palavras, ideias, pensamentos, crenças, filosofia, presença e ausência.

Sempre podemos servir de uma ou de outra forma. Para isso, temos de perguntar se podem nos dar a oportunidade…

Essa pergunta e a resposta são determinantes para poder iniciar, para poder começar:

"Será um prazer poder atendê-lo! Em que posso lhe servir?"

E a resposta do cliente marcará a pauta. É por isso que faço o convite a você para observar, escutar, sentir e apreciar com respeito, sabedoria e inteligência.

DICA N.º 20

SERVIR POR OBRIGAÇÃO É UMA FRUSTRAÇÃO

Reconheça, aprecie, respeite a missão...

Trabalhe por ela, pela missão, e decida servir com intenção e paixão para fazer realidade a visão.

O propósito e os sonhos de sua vida, de sua empresa, de sua família e de seu país, têm de lhe inspirar a despertar, levantar-se, seguir adiante, projetar, propor, produzir, vender e servir.

DICA N.º 21

QUEM SE ZANGA, SEMPRE PERDE

Servir é uma decisão que exige entendimento, compreensão e convicção.

Servir não tem de ser por uma obrigação ou imposição.

Se você está servindo para apenas receber um pagamento, uma comissão ou uma propina, com certeza você se queixará, ficará zangado e frustrado.

E... quem se zanga, sempre perde!

Folha de Resumo Semanal

Resumo + Reflexão = Ação

Anote as reflexões e as decisões que você tomará.

1.
2.
3.
4.
5.
6.
7.
8.
9.
10.

Nome, data e assinatura

É URGENTE, IMEDIATO... JÁ!!!

DICA N.º 22

VOCÊ SABE QUE PODE CONTAR COMIGO?

Pergunte sempre!

Faça perguntas de forma inteligente, no momento certo, com o seu melhor tom de voz, com uma boa intenção, com honestidade e por uma boa razão.

"Quem? Como? Onde? Quando? Por quê? e Para quê?". "Em que posso lhe servir?", "Em que posso lhe apoiar?", "Em que posso lhe ajudar?", "Tem algo mais que eu possa fazer por você?", e as mais importantes:

Você sabe que pode contar comigo?

Você sabe que pode contar com a gente?

DICA N.º 23

A VIDA É PARA...

A vida é para viver, para servir e não para apenas suportar certas questões...

DICA N.º 24

REINVENTE...

É o momento de nos reinventarmos!

Reiniciemos, renovemos, vamos focar de novo, nos reestruturemos, reanimemos, reativemos e reconectemos nosso espírito do serviço, nossa atitude profissional, empresarial, comercial e industrial, com responsabilidade.

DICA N.º 25

NINGUÉM PODE... NINGUÉM!

No serviço ao cliente, ninguém pode dar o que não tem, o que não aprecia, o que não importa e o que não sabe...

DICA N.º 26

VAMOS TRABALHAR PARA MOTIVAR

"Orgulho, gratidão e senso de pertencimento"

Trabalhemos em motivar esses três sentimentos, em gerá-los e em consegui-los para poder dar uma atenção, um serviço de qualidade e um aconchego de um nível superior à média local, nacional e internacional.

A missão, a visão, os objetivos, a meta, a filosofia e as crenças poderão lhe ajudar.

DICA N.º 27

O POTENCIAL DO SEU SERVIÇO

"Mantenha-se focado, determinado e decidido."

"Fortaleça a atitude, a liderança e a estratégia."

E, por favor!

Reconheça e desenvolva o potencial do seu serviço, do seu negócio, do seu conceito.

DICA N.º 28

COMECE JÁ!

Estude, trabalhe, prepare-se e decida servir para poder satisfazer as necessidades especiais, os desejos inimagináveis, as altas expectativas, os caprichos exigentes e (os sonhos) dos clientes.

Você precisará estar decidido, convencido, animado, inspirado e disposto para poder consegui-lo.

Folha de Resumo Semanal
Resumo + Reflexão = Ação

Anote as reflexões e as decisões que você tomará.

1. ______________________________
2. ______________________________
3. ______________________________
4. ______________________________
5. ______________________________
6. ______________________________
7. ______________________________
8. ______________________________
9. ______________________________
10. ______________________________

Nome, data e assinatura

É URGENTE, IMEDIATO... JÁ!!!

DICA N.º 29

DÊ-SE CONTA! TOMEMOS CONSCIÊNCIA!

Desperte, alimente e desenvolva a sua mente, reconheça as boas ideias, o poder do pensamento, da intenção, defina a atitude, confirme a liderança e decida colocar em ação com base em uma missão inspiradora, visão e estratégia.

E, por favor!!!

Reconheça, aprecie e desenvolva o potencial de seu ser, de seu serviço, de suas habilidades, talentos e qualidades que permitam projetar seu conceito ao máximo.

Dê-se conta! Tomemos consciência!

DICA N.º 30

MENTALIDADE VENCEDORA

Decida ter e manter uma mentalidade de êxito, competitiva e vencedora.

Garanto-lhe que isso vai ajudá-lo a perceber as oportunidades de poder brindar uma atenção e um serviço competitivo, criativo e de sucesso.

PAUSA PARA ANÁLISE DE VARIÁVEIS DETERMINANTES

O que você não mede não pode melhorar.

A seguir, convido-lhe a considerar as seguintes variáveis ao longo destes trinta dias, desde que decidiu servir com uma nova consciência, atitude, criatividade e estratégia.

NÚMERO DE FELICITAÇÕES OU RECONHECIMENTOS REALIZADOS PELOS CLIENTES	
NÚMERO DE SORRISOS, "OBRIGADO" E "ATÉ BREVE" QUE FORAM RECEBIDOS	
NÚMERO DE RECOMPRAS OU RENOVAÇÃO DE CONTRATOS NOS ÚLTIMOS 30 DIAS	
AUMENTO DO TÍQUETE MÉDIO	
TAXA DE PONTUALIDADE NAS ENTREGAS	
NÚMERO DE DEVOLUÇÕES, RECLAMAÇÕES E GARANTIAS	
RECOMENDAÇÕES GERADAS E CONFIRMADAS	
NÚMERO DE PROPINAS, BÔNUS E EXTRAS RECEBIDOS	
OPORTUNIDADES DE CRESCIMENTO, RECONHECIMENTO, AUMENTO DE SALÁRIO, COMISSÕES E INCENTIVOS	

Ideias, Comentários e Sugestões dos Clientes

Resumo + Reflexão = Ação

Temos de nos mover, temos de avançar e muito a alcançar.

Até agora, é provável que ao longo da leitura você esteja pensando e sentindo que...

Você já sabe! "É o que você faz", "É óbvio!", "É lógico", "Todo mundo já sabe" etc. etc.

As dicas são as faíscas que deixam a fogueira acesa.

Parabéns!
Vamos lá por mais!

DICA N.º 31

VOCÊ, OS CLIENTES E A AÇÃO

No serviço ao cliente há três elementos indispensáveis para que as coisas aconteçam:

Você, os clientes e a ação.

DICA N.º 32

EXPRESSÕES DE SUCESSO

Algumas das melhores expressões que refletem querer servir são as saudações e os sorrisos em ação, os agradecimentos com sinceridade, os "até logo" com propósito, as entregas antes do tempo, os exames e as recomendações garantidas.

DICA N.º 33

MESMO QUE QUEIRA

Reconheça e aprecie o que você tem...

Ninguém pode dar, fazer, brindar nem conseguir quando não tem nada, não sabe nada, não entende nada e não pode fazer nada...

Mesmo que queira!

Servir exige saber, compreender, poder, sentir, intuir, ser capaz, ter os recuos, o dinheiro, o coração, o tempo e a vida.

DICA N.º 34

SERVIR, AJUDAR, APOIAR

Um serviço sincero, autêntico e amável será sempre percebido pelos seus clientes...

O seu cliente aprecia muito o seu interesse em servi-lo. Então, mostre aos seus clientes como você se importa com quem eles são. Faça-os sentir que quer servi-los, ajudá-los, atendê-los e apoiá-los.

DICA N.º 35

PERGUNTAS COM SENTIDO E SABOR

Como é que estou?

Como eu me sinto?

Do que eu preciso?

O que eu desejo?

Quem é que eu sou?

Onde é que eu estou?

Para onde eu vou?

O que eu tenho?

Reconheço meu potencial, minhas características, talentos, qualidades, virtudes, habilidades e dons?

Folha de Resumo Semanal
Resumo + Reflexão = Ação

Anote as reflexões e as decisões que você tomará.

1. ______________________________
____
2. ______________________________
____
3. ______________________________
____
4. ______________________________
____
5. ______________________________
____
6. ______________________________
____
7. ______________________________
____
8. ______________________________
____
9. ______________________________
____
10. ______________________________
____

Nome, data e assinatura

É URGENTE, IMEDIATO... JÁ!!!

DICA N.º 36

SOU FERA! SOMOS MUITO FERAS!

O condicionamento mental, a predisposição emocional e as autoafirmações para servir exigem inteligência emocional, disposição, atitude, criatividade e estratégia:

Estou bem

Sou inteligente

Sou uma boa pessoa

Tenho futuro

Sou exitoso

*Sou um chingón! Somos chingões!**

* Chingón: adjetivo, palavra coloquial mexicana que significa que uma pessoa é extremadamente boa em algo...

DICA N.º 37

HUMANIZE O SEU SERVIÇO

Trata-se de ganhar clientes para toda a vida.

Os clientes não são apenas bilhetes de vendas, faturas, nichos ou mercados. São pessoas, são seres humanos, pais de família, filhos, irmãos, tios, avós, tutores e mentores.

Humanize o seu serviço e tecnifique a sua operação.

DICA N.º 38

UMA INTENÇÃO EXTRAORDINÁRIA

Pense, primeiro, em poder servir aos outros...

...aos outros, às pessoas, às outras áreas, aos outros departamentos, às famílias, às empresas, aos negócios, ao país, à humanidade, ao universo, a DEUS.

Com essa extraordinária intenção, com essa mentalidade e propósito, poderá pensar diferente, poderá criar, gerar oportunidades, desenhar estratégias que gerem clientes, resultados, mais vendas e utilidades que com toda certeza vão lhe beneficiar e vão lhe servir.

DICA N.º 39

RECONECTE...

Os seus pensamentos, as suas ideias, os seus sentimentos, as suas palavras, as suas memórias, as suas experiências, os seus relacionamentos, os seus contatos, os seus objetivos, os seus desejos, os seus sonhos, o seu ser...

Para poder servir!

DICA N.º 40

É MELHOR VOCÊ SERVIR

Servir significa gerar resultados.

Servir gera a felicidade.

Servir mantém você com boa saúde, lhe permite desfrutar… desfrutar da vida, do momento.

Servir fornece e gera bem-estar, mantém a prosperidade, ajuda a fazer e ter amigos.

É melhor para você…
Decida servir!

DICA N.º 41

PARA ALÉM DO ÓBVIO

Quando você decidir servir, terá o potencial de ver, ouvir e sentir para além do óbvio, mais do que é óbvio.

A partir de agora, você pode ser um "caçador de oportunidades". Você tem de perceber, você tem de ser consciente, sentir e apreciar de uma forma especial o que acontece em sua rede e o que acontece dentro de você.

DICA N.º 42

O SERVIÇO AO CLIENTE NÃO É DEIXADO À SORTE

Evite agir como um ignorante, um improvisado, alguém para quem nada importa e para quem nada interessa.

Não pense, não atue nem fale como um tolo ou um estúpido, pois isso sempre decepciona, frustra, irrita, desespera, gera problemas, confronta.

Só por isso se perdem milhares de clientes, amizades, negócios, prata, dinheiro, oportunidades, o nome, o prestígio, a marca, o patrimônio e até a vida.

Folha de Resumo Semanal
Resumo + Reflexão = Ação

Anote as reflexões e as decisões que você tomará.

1. ______________________________
____

2. ______________________________
____

3. ______________________________
____

4. ______________________________
____

5. ______________________________
____

6. ______________________________
____

7. ______________________________
____

8. ______________________________
____

9. ______________________________
____

10. ______________________________
____

Nome, data e assinatura

É URGENTE, IMEDIATO... JÁ!!!

DICA N.º 43

OS 14 INDISPENSÁVEIS

No serviço ao cliente, há 14 elementos indispensáveis para que as coisas aconteçam:

- VOCÊ;
- O CONTEXTO;
- A OPORTUNIDADE;
- A NECESSIDADE;
- O CONHECIMENTO;
- A INFORMAÇÃO;
- OS DADOS;
- OS CLIENTES;
- O PROBLEMA;
- A INTENÇÃO;
- O DESEJO;
- O SISTEMA;
- A TECNOLOGIA;
- A AÇÃO.

DICA N.º 44

ACIMA DA MÉDIA

Ao estar consciente de que o serviço vende, de que é uma decisão que se manifesta em sua atitude, em sua intenção, de que faz parte de um plano, de uma estratégia, de uma cultura e de que é uma poderosa decisão, você poderá definitivamente melhorar a atenção e confirmará o interesse por todo o resto, pelo ambiente, por tudo.

Isso vai lhe permitir manter um serviço ao cliente superior à média local, ao padrão mundial.

DICA N.º 45

EXPRESSÕES ANTISSERVIÇO

As expressões "Antisserviço" no México e em alguns países de língua espanhola...

"Este não é o meu trabalho! Não tenho tempo! Eu não acredito nisso! Você não pode! É impossível! Então você vê! Depois! O que você acha? Este não é o meu problema! Eu não sei e não me importo! Está muito mal... Quem sabe! Mmm... Para o que ganho, para o que me pagam, para isso não me contrataram! Nem pense... Está bem difícil! Que preguiçoso, que idiota! E a mim e a você, o quê? Faça como quiser! Que façam o que quiserem! O que você acha? O que acham de mim? Agora! Agorinha! Que ele lhe sirva!"

"Nem vendemos isso… isso não é da minha conta, não é minha cotação, não é meu horário, não é meu cliente, não é meu programa, não é minha responsabilidade, não é minha área, não é meu horário, não é meu turno, não é meu. Não é o meu conceito, não é o meu escritório."

"Que venham, que me peçam e me digam na cara! Não é nem meu negócio, não é nem minha equipe! Não estudei tanto para isto, não trabalhei tanto para isto! Nem a recebi! Eu nem estava! Eu nem sabia! Eu sou novo, eu acabei de entrar! (mesmo dois anos depois). Lá se vai!"

Com base nas expressões anteriores, as seguintes perguntas e suas respostas podem nos ajudar a identificar se existe disposição, mentalidade, falta de liderança, de atitude, de formação e de uma cultura que nos permita servir:

Você as escuta no seu negócio, no escritório, nos corredores, nas áreas da empresa, na recepção?

____

Você as escuta em casa?

____

Você as diz de forma consciente e constante, ou mesmo inconsciente?

____

Convite:
Pare de Vender como Antes!

É o momento de brindar ao cliente com um serviço "desinfetado", com uma atitude limpa, uma proposta "sanitizada", espaços que comuniquem, expressem e confirmem que o cliente importa para você e que sua saúde, sua vida, seu bem-estar, sua família, sua economia, seus sonhos, seu presente e futuro lhe interessam.

As Palavras Têm Poder!

A palavra tem um poder criador, uma energia transformadora ou destruidora. As palavras expressadas em tempo e forma, no tom e matiz adequado de expressão, abrem janelas, derrubam portas, estabelecem alianças, encurtam distâncias ou terminam por conquistar.

Que suas palavras soem a proposta, não a exigência, que convidem, mas não oprimam, que cativem, mas não perturbem.

Procure fazer com que as suas palavras tenham sempre coração e intenção!

DICA N.º 46

DÊ-LHE O SEU LUGAR, DÊ O RECONHECIMENTO

Será sempre uma honra saber, reconhecer e apreciar DEUS.

Ele é o Autor intelectual do serviço. Tudo o que Ele desenhou, criou e estabeleceu existe para servir. Se você o vê ou não, se você entende isso ou não.

Ele é poderoso, perfeito, inteligente, criativo e divertido. Sua criação sempre inspira, ajuda e serve de uma forma tão misteriosa, perfeita, delicada e extraordinária que motiva você a servir.

DICA N.º 47

O CULPADO DE TUDO

Quando você tem uma ideia clara, uma intenção determinada, uma visão focada e uma missão comprometida...

Quando você tiver uma firme atitude, reconheça os objetivos e a meta a alcançar e assim terá mais oportunidades e possibilidades para poder implementar ações, sistemas, procedimentos, mecanismos e gestos para que tudo isso se converta em inspiração, no detalhe, no conceito, nessa característica de vantagem única que confirme sua diferença e faça com que... você seja a opção escolhida!

DICA N.º 48

PREDISPOSTO

Para poder servir, vender e gerar resultados, você precisa estar predisposto, ter um condicionamento positivo, uma mentalidade aberta, uma atitude disposta e uma convicção sincera de ser para seus clientes...

- O ALIADO;
- UM FACILITADOR;
- UM SOLUCIONADOR;
- UM AMIGO...

...que sempre crie confiança,

segurança e certeza.

DICA N.º 49

É DETERMINANTE...

No serviço ao cliente, são determinantes a atitude, a liderança e a estratégia.

Invista em motivação!

Invista em treinamento!

Invista na formação do capital humano!

Invista em sistemas e tecnologia!

Invista o melhor de si naqueles que se esforçam para fazer o melhor acontecer, naqueles que se preocupam com você, que acreditam em você e geram os resultados de que você precisa, espera e deseja.

Folha de Resumo Semanal
Resumo + Reflexão = Ação

Anote as reflexões e as decisões que você tomará.

1.
2.
3.
4.
5.
6.
7.
8.
9.
10.

Nome, data e assinatura

É URGENTE, IMEDIATO... JÁ!!!

DICA N.º 50

É EXIGENTE

Servir...
Exige dar, mudar, melhorar
e aperfeiçoar todos os dias!

DICA N.º 51

SE NÃO HÁ CLIENTES, NÃO HÁ NEGÓCIOS

Se você não servir... você não serve!

Se você não vender, não há clientes...

Sem clientes, sem negócios... sem negócios, sem trabalho...

Se não há trabalho, não há oportunidades...

E se não há oportunidades, não há nada!

DICA N.º 52

NÃO CABEM

No serviço ao cliente, as desculpas, os pretextos e a estupidez...

não cabem!

DICA N.º 53

SEUS PENSAMENTOS SÃO IMPORTANTES

Seus pensamentos são poderosos...

Suas ideias, suas atitudes e suas palavras, tudo pode nos inspirar, convencer e motivar, mas a qualidade e a excelência de seu trabalho, a veracidade de suas ações, a paixão, a entrega de seu serviço, a experiência que você gera e o resultado...

É o que confirmará quem você é na realidade...

DICA N.º 54

QUERER SERVIR PARA PODER TRABALHAR

Gerar resultados por meio do serviço, incrementar vendas, ganhar clientes, alcançar as cotas e alcançar a meta de que necessitamos, queremos ou buscamos. Exige de nós sentirmos, termos sensibilidade, nos darmos conta, sermos conscientes, pensarmos e agirmos em consequência.

Ou seja…

Trabalhar para servir e querer servir para poder trabalhar.

DICA N.º 55

CONFIRMA-SE COM OS RESULTADOS

O mundo não se move só com intenções, move-se com ações e se confirma pelos resultados.

DICA N.º 56

LIGUE HOJE!

Ligue hoje! Hoje é um bom dia!
Hoje é o momento de pelo menos falar e expressar o que é importante.

Há muitos meios e canais para poder fazê-lo: telefone, WhatsApp, redes sociais, todo tipo de plataformas, até e-mails, o que sirva para expressar e exclamar: "Obrigado, muito obrigado, é uma honra, te amo, te amo, perdão ou sinto muito". Ainda está na hora!

Hoje podemos escrever, expressar-nos, mover-nos, visitarmos, chegarmos a todas as partes do mundo para podermos reconhecer essa pessoa que significa tanto para nossa vida, para a nossa carreira, em nosso momento.

Folha de Resumo Semanal
Resumo + Reflexão = Ação

Anote as reflexões e as decisões que você tomará.

1. ______________________________
____

2. ______________________________
____

3. ______________________________
____

4. ______________________________
____

5. ______________________________
____

6. ______________________________
____

7. ______________________________
____

8. ______________________________
____

9. ______________________________
____

10. ______________________________
____

Nome, data e assinatura

É URGENTE, IMEDIATO... JÁ!!!

DICA N.º 57

É A DESCULPA, É A RAZÃO

Evite enxergar o cliente tão somente como dinheiro, uma desculpa, uma compra, um usuário, uma conta, uma folha, um problema, um tíquete.

Talvez você possa vê-lo como uma ponte, uma escada, um transporte, uma plataforma, uma missão, uma causa, a justificação do seu trabalho, do escritório, da área, do apartamento, do departamento, o porquê de cuidar da área ou região de influência que a empresa tem, o negócio ou a marca...

O cliente é muito mais do que isso!

DICA N.º 58

É O QUE VOCÊ DECIDE QUE SEJA

Você é quem decide...

Um cliente representa a oportunidade e torna-se uma inspiração. Você define que seja a razão de seu agir, de seu fazer, de estar e de ser.

São eles que nos dão a oportunidade de demonstrarmos e expressarmos o que é que se pode esperar de nós e dão a orientação para confirmarem quem somos e do que somos capazes.

DICA N.º 59

FAÇA! VOCÊ É UM ESPECIALISTA!

Quando você atender o cliente, dê-lhe sugestões, brindes, ideias, respostas e soluções.

Faça essas coisas como um especialista, um conhecedor, um perito na área faz!

DICA N.º 60

TRABALHE COMO SE VOCÊ FOSSE...

Trabalhe e sirva como se você fosse o dono ou a dona, um sócio ou uma sócia, o filho ou a filha dos proprietários.

Atenda como se você fosse o sócio, a sócia ou o assistente da empresa em que você trabalha e serve todos os dias.

Faça isso com a alma, como se você fosse realmente um familiar, um amigo que ama, sente orgulho e gratidão.

PAUSA PARA ANÁLISE DE VARIÁVEIS DETERMINANTES

O que você não mede não pode melhorar.

A seguir, convido-lhe a considerar as seguintes variáveis ao longo destes trinta dias, desde que decidiu servir com uma nova consciência, atitude, criatividade e estratégia.

Folha de Resumo Semanal
Resumo + Reflexão = Ação

Anote as reflexões e as decisões que você tomará.

1. ____

____

2. ____

____

3. ____

____

4. ____

____

5. ____

____

6. ____

____

7. ____

____

8. ____

____

9. ____

____

10. ____

____

Nome, data e assinatura

É URGENTE, IMEDIATO… JÁ!!!

NÚMERO DE FELICITAÇÕES OU RECONHECIMENTOS REALIZADOS PELOS CLIENTES	
NÚMERO DE SORRISOS, "OBRIGADO" E "ATÉ BREVE" QUE FORAM RECEBIDOS	
NÚMERO DE RECOMPRAS OU RENOVAÇÃO DE CONTRATOS NOS ÚLTIMOS 30 DIAS	
AUMENTO DO TÍQUETE MÉDIO	
TAXA DE PONTUALIDADE NAS ENTREGAS	
NÚMERO DE DEVOLUÇÕES, RECLAMAÇÕES E GARANTIAS	
RECOMENDAÇÕES GERADAS E CONFIRMADAS	
NÚMERO DE PROPINAS, BÔNUS E EXTRAS RECEBIDOS	
OPORTUNIDADES DE CRESCIMENTO, RECONHECIMENTO, AUMENTO DE SALÁRIO, COMISSÕES E INCENTIVOS	

Ideias, Comentários e Sugestões dos Clientes

Resumo + Reflexão = Ação

Parabéns!

Você chegou à dica n.º 60 e certamente concordamos em mais de um ponto até aqui.

Certamente haverá diferenças, contextos e experiências diferentes que podem motivar e inspirar você a seguir em frente, ou simplesmente deixar em dúvida esta leitura.

Tenha a liberdade de adaptar e adotar as ideias, os conceitos...

"Fique com os feijões", separe as pedras, prepare a sopa, desfrute o sabor e reaprenda!

Obrigado por continuar aqui!
Vamos avançar mais!

DICA N.º 61

EVITE SEMPRE

Ao servir os clientes, evite o seguinte:

Gabar-se, criticar, supor, mentir, ignorar, roubar, trair, desvalorizar, confundir, enganar, abusar, ser egoísta, arrogante, soberbo, intolerante, indiferente e estar distraído.

DICA N.º 62

UMA VISÃO INSPIRADORA

Ampliar, aprofundar e entender a visão lhe darão a inspiração necessária para poder continuar, levantar-se, decidir trabalhar e servir.

Será sempre bom ter esperança.

Será melhor ter ideais.

Será incrível ter sonhos para continuar sonhando.

DICA N.º 63

SERVIR É A MÁXIMA

Para que vamos estudar?

Para aprender a servir!

Por que vamos para a faculdade?

Para aprender a servir!

Para que vamos trabalhar?

Para poder servir!

Por que acordamos e vivemos?

Para poder servir!

Folha de Resumo Semanal
Resumo + Reflexão = Ação

Anote as reflexões e as decisões que você tomará.

1. ______________________________
2. ______________________________
3. ______________________________
4. ______________________________
5. ______________________________
6. ______________________________
7. ______________________________
8. ______________________________
9. ______________________________
10. ______________________________

Nome, data e assinatura

É URGENTE, IMEDIATO… JÁ!!!

DICA N.º 64

PREPARADO, INFORMADO E MOTIVADO

A necessidade pode ser superada pelo desejo, os desejos pelos caprichos.

Os caprichos podem superar toda classe de argumentos.

No serviço ao cliente e nas vendas você tem de estar preparado, informado e motivado para superar qualquer adversidade, conflito e problema que o cliente apresente...

Até os caprichos!

DICA N.º 65

VOCÊ É E SERÁ O QUE QUISER SER

Quando você decidir trabalhar e servir com atitude, inteligência, criatividade e estratégia, isso vai lhe dar poder e a oportunidade de ser quem realmente você quer ser.

Mas só "querer ser" não será suficiente se você não se preparar, se você não trabalhar por isso e não se concentrar em servir para isso.

Decida ser quem você quer ser.

E a propósito... decida servir com todo o seu potencial, experiência e ideias!

DICA N.º 66

EM MODO DE SERVIÇO

É sempre bom saber, ouvir, perceber e reconhecer que...

Você parece bem, você é saudável, você é inteligente, você é uma boa pessoa... você é incrível e tem futuro!

Se isso não for verdade… é o seu momento…

Entre em modo de serviço!

DICA N.º 67

CONFIRME QUE VOCÊ ENTENDE

Busque sempre as melhores maneiras, formas e práticas profissionais de servir, atender e entender.

Aprenda, pratique e tente melhorar sua forma de saudar, sorrir, sua proximidade, o uso do espaço pessoal, a forma de falar, expressar, perguntar e escutar. Preste atenção no outro, concentre-se.

E, por favor…

Confirme sempre que você compreende, entende e sabe a respeito!

DICA N.º 68

EXPRESSE O QUE LHE IMPORTA

Sejamos muito mais que amáveis...

Seja extraordinariamente amável, mas sem exagerar, sem enjoar nem manipular.

Com o seu estilo, personalidade e conhecimento, expresse que você se importa, que você está interessado em facilitar, resolver, ajudar e servir.

DICA N.º 69

DECISÕES PARA SERVIR

Querer decidir, preparar-se, estar atento e disposto, capacitar-se, atualizar-se, ler, estudar, trabalhar, manter-se motivado, focado, ter e reter uma atitude positiva, ser e estar agradecido, desenvolver os melhores hábitos, envolver-se, comprometer-se, respeitar os princípios, axiomas, regras, políticas, missão e visão sempre serão determinantes.

O serviço não se diz, se faz...

DICA N.º 70

COMPROMISSO, RESPONSABILIDADE E ENVOLVIMENTO

Para que o serviço seja uma realidade profissional, criativa e competitiva no trabalho, na sua empresa, no negócio, no escritório, na loja, inclusive na sua vida, e se reflita em resultados positivos no equilíbrio, nos relacionamentos e na família, será necessário que se tenha 100% de compromisso, de responsabilidade e envolvimento por parte dos donos, diretores, gerentes, líderes e responsáveis das áreas.

Folha de Resumo Semanal
Resumo + Reflexão = Ação

Anote as reflexões e as decisões que você tomará.

1. ____________________
2. ____________________
3. ____________________
4. ____________________
5. ____________________
6. ____________________
7. ____________________
8. ____________________
9. ____________________
10. ____________________

Nome, data e assinatura

É URGENTE, IMEDIATO... JÁ!!!

DICA N.º 71

POR FAVOR, QUE TUDO SEJA PERFEITO

Trata-se de ganhar clientes para toda a vida...

Os clientes não são apenas vendas, faturas, notas, tíquetes, nichos, um mercado ocasional ou temporário.

Os clientes, antes de tudo, são pessoas, seres humanos, pais de família, filhos, irmãos, tios, avós, tutores, indivíduos da sociedade, inclusive mentores, professores.

O serviço que você oferece aos clientes pode colocá-lo em um degrau da fama. Eles são almas vizinhas no seu caminho para o sucesso e podem tornar-se seus aliados e até mesmo seus melhores amigos.

DICA N.º 72

CLIENTES PARA TODA A VIDA

Os clientes não são "batatas quentes". As seguintes crenças com respeito a eles podem afetar sua atitude, disposição e serviço:

"Como tomam tempo";

"Sempre trazem problemas";

"São uns mentirosos";

"Inventam todo tipo de coisas para tirar vantagem";

"Jamais leem as instruções";

"Acreditam que têm sempre a razão";

"São um problema";

"Não sabem o que querem";

"Asseguram que eu ou nós temos a culpa";

"Nunca reconhecem que se equivocaram e demandam";

"Sempre me fazem repetir as coisas";

"É por culpa deles que se cometem os erros";

"Querem tudo grátis, descontos e cortesias o tempo todo";

"Tudo é urgente, querem-no de imediato, naquele instante, para ontem, para já...".

DICA N.º 73

UM ESTADO DE CONSCIÊNCIA ATIVO

Toda atividade que exige oferecer uma atenção e um serviço ao cliente, com qualidade, que gere experiências positivas e melhore a produtividade, os negócios e aumente as vendas...

...requer de nós tenhamos um estado de consciência ativo, uma inteligência emocional notável e uma empatia inteligente.

DICA N.º 74

GERAR EMPATIA

As saudações, os gestos e os sorrisos são determinantes para conseguir conexão, despertar interesse e gerar empatia.

Precisam ser calorosos, honestos, como se fossem expressões para seus melhores amigos, a família que você aprecia, que você ama e sente saudade.

A empatia é um vínculo que serve...

DICA N.º 75

COMPARTILHAR O MELHOR DE VOCÊ

Decidir servir lhe dá a oportunidade de compartilhar o melhor de seu ser, do que você sabe, o que tem, o que entende, o que escuta, o que sente, do que se deu conta.

Isso poderá fazer com que seja melhor para você e lhe oferecer a oportunidade e a possibilidade de que tudo possa crescer e melhorar.

Se você não serve com o melhor de você...

...não serve de nada!

DICA N.º 76

RAPIDAMENTE

Ter uma atitude, uma cultura e uma estratégia focada no atendimento e no serviço ao cliente que possa gerar a experiência de compra, tem de refletir ordem, limpeza e estilo que venham a inspirar, relaxar e posicionar você diretamente e sem escalas nas preferências do seu cliente.

Rapidamente!

DICA N.º 77

A CONFIRMAÇÃO DE SUA IMPORTANTE DECISÃO

Tudo pode começar quando se imagina ou pensa nisso e confirma-se quando se decide agir. Encoraje-se e motive-se para dar esse primeiro passo...

Mas dar o segundo passo pode ser a confirmação da sua importante decisão.

Folha de Resumo Semanal
Resumo + Reflexão = Ação

Anote as reflexões e as decisões que você tomará.

1. ____________________

2. ____________________

3. ____________________

4. ____________________

5. ____________________

6. ____________________

7. ____________________

8. ____________________

9. ____________________

10. ____________________

Nome, data e assinatura

É URGENTE, IMEDIATO… JÁ!!!

DICA N.º 78

OPORTUNIDADE E POSSIBILIDADE

Cada vez mais, em mais países ao redor do mundo, em mais empresas e negócios, usuários, clientes, compradores, fabricantes e comerciantes exigem um serviço imediato, excelente, perfeito, rápido, pontual, único, personalizado e exclusivo.

A POSSIBILIDADE de oferecer um serviço excelente é uma OPORTUNIDADE imperdível!

DICA N.º 79

POSICIONAMENTO

Em um mundo altamente competitivo, global, técnico e hiperconectado, com altas medidas de segurança e higiene, você terá cada vez menos oportunidades de causar uma inesquecível boa impressão ou, pior ainda, pedir uma segunda oportunidade para servir, corrigir ou ajudar.

Pela excelência é que você ganha um lugar no mundo do serviço.

Tudo bem e de primeira!

DICA N.º 80

A COLHEITA DA SEMENTEIRA

Servir "como Deus manda" sempre trará para você a satisfação do cumprimento, do encontro produtivo, de estabelecer vínculos fortalecidos e estreitar alianças profissionais, trabalhistas e familiares.

Servir recompensa seu esforço e dedicação.

Eis os GALARDÕES do SERVIÇO:

- O RECONHECIMENTO;
- A RECOMENDAÇÃO;
- A LEALDADE;
- A AMIZADE.

DICA N.º 81

É O QUE TODOS EXIGEM

Os clientes têm o poder de que você possa seguir adiante, de propor ideias e negócios, de que ganhe dinheiro, faça história e de que você transcenda.

Mas também está em suas mãos entrar em problemas, destruir-se, acabar consigo, terminar com seu prestígio, com sua marca, com seu patrimônio, acabar com tudo. Podem, em algum momento, até lhe deixar na rua, com apenas um clique, uma mensagem ou uma chamada.

O serviço é coisa séria!

DICA N.º 82

POR NÃO FAZER A TAREFA, MENOS OPORTUNIDADES

Talvez o que você recebeu não foi o que você pediu. O sabor não foi extraordinário, o ambiente não foi o melhor, a promessa e o preço não tiveram relação com a oferta de valor original, mas o serviço foi encantador.

O serviço faz a grande diferença pessoal, profissional e empresarial.

DICA N.º 83

SERVIÇALMENTE DIFERENTE

Decida pensar, planejar e atuar para ser altamente e internacionalmente competitivo e assim poder se destacar, se diferenciar, gerar a experiência de marca e ganhar clientes para toda a vida.

Você será diferente e este será o seu poder.

DICA N.º 84

O QUE VOCÊ NUNCA PODE ESQUECER

Lembre-se! Não esqueça.
Mantenha sempre presente e gere:

- EMPATIA;
- CONFIANÇA;
- SEGURANÇA;
- CERTEZA;
- RESULTADOS.

Folha de Resumo Semanal

Resumo + Reflexão = Ação

Anote as reflexões e as decisões que você tomará.

1. ______________________________
2. ______________________________
3. ______________________________
4. ______________________________
5. ______________________________
6. ______________________________
7. ______________________________
8. ______________________________
9. ______________________________
10. ______________________________

Nome, data e assinatura

É URGENTE, IMEDIATO... JÁ!!!

DICA N.º 85

NÃO SE DÁ UM PASSO SEM *HUARACHE!

*No serviço ao cliente, "não se dá passo sem Huarache**

Às vezes, só às vezes, temos de improvisar de forma profissional, criativa, disruptiva, original, com coragem e determinação. Que a arte de improvisar não se torne uma rotina, que não seja o selo de seus serviços.

Geralmente, no serviço ao cliente, cada passo deve ser friamente calculado para que se transforme em uma oportunidade.

* Huaraches (derivado de Warachi, na língua purépecha, singular huarache) são um tipo de sandália mexicana, de origem pré-colombiana.

DICA N.º 86

SERVIR É SER MUITO HUMANO

Humanize o seu trabalho, atenção, disposição e serviço ao cliente.

Não somos robôs. Não somos máquinas. Não somos escravos.

Nós não somos descartáveis...

Somos pessoas!

DICA N.º 87

PERCEPÇÃO É A REALIDADE

No atendimento ao cliente, muito é uma questão de percepção.

A percepção é a realidade.
A realidade reflete o resultado.
O resultado marca a experiência...

DICA N.º 88

VOCÊ TEM CLIENTES!

Os médicos não têm pacientes. Os donos de restaurantes não têm comensais. Os garçons não têm mesas. Os veterinários não têm mascotes.

Os advogados não têm casos. Os hotéis não têm hóspedes. Os vendedores não têm compradores. As universidades não têm alunos. As linhas de transporte não têm passageiros. Os bancos não têm contas...

Eles têm clientes!

Os clientes valem, custam e podem representar tudo.

Quando você decidir vê-los com essa abordagem, sua qualidade de atendimento e serviço vai melhorar extraordinariamente.

DICA N.º 89

"RECONHECER" DE UM JEITO OU DE OUTRO

Reconhecer...

É tão importante no serviço ao cliente, nos negócios, na família, nos relacionamentos, nos encontros, na nação...

DICA N.º 90

QUANDO AS COISAS ACONTECEM

Quando você está servindo, retêm-se resultados de realização, de sucesso e você está contente, conectado, feliz e satisfeito. Você tem o resultado de que necessita, deseja e espera.

As coisas acontecem!

Vale cantar, dançar, sorrir, gritar e também são válidos os espaços, os silêncios.

Que sejam com gratidão!

PAUSA PARA ANÁLISE DE VARIÁVEIS DETERMINANTES

O que você não mede não pode melhorar.

A seguir, convido-lhe a considerar as seguintes variáveis ao longo destes trinta dias, desde que decidiu servir com uma nova consciência, atitude, criatividade e estratégia.

NÚMERO DE FELICITAÇÕES OU RECONHECIMENTOS REALIZADOS PELOS CLIENTES	
NÚMERO DE SORRISOS, "OBRIGADO" E "ATÉ BREVE" QUE FORAM RECEBIDOS	
NÚMERO DE RECOMPRAS OU RENOVAÇÃO DE CONTRATOS NOS ÚLTIMOS 30 DIAS	
AUMENTO DO TÍQUETE MÉDIO	
TAXA DE PONTUALIDADE NAS ENTREGAS	
NÚMERO DE DEVOLUÇÕES, RECLAMAÇÕES E GARANTIAS	
RECOMENDAÇÕES GERADAS E CONFIRMADAS	
NÚMERO DE PROPINAS, BÔNUS E EXTRAS RECEBIDOS	
OPORTUNIDADES DE CRESCIMENTO, RECONHECIMENTO, AUMENTO DE SALÁRIO, COMISSÕES E INCENTIVOS	

Ideias, Comentários e Sugestões dos Clientes

Resumo + Reflexão = Ação

Dicas para Servir

O que você tem percebido?

Que dicas você pode dar para sua equipe de trabalho?

Você contempla reações diferentes, melhores resultados?

Como vai sua nova atitude de serviço?

Você gosta mais agora do que você faz?

Parabéns!

DICA N.º 91

POSICIONAR-SE

Se você já decidiu servir...

Agora, trabalhe em ser duplamente empático, visível e rentável. Você será sua própria marca e certamente representará mais de uma família.

Somos embaixadores de atitudes, de crenças, de culturas e de paradigmas.

Lembre-se de que você precisa se posicionar, competir, diferenciar, trabalhar, vender, produzir e, acima de tudo,...

Servir!

Folha de Resumo Semanal
Resumo + Reflexão = Ação

Anote as reflexões e as decisões que você tomará.

1. ______________________________
2. ______________________________
3. ______________________________
4. ______________________________
5. ______________________________
6. ______________________________
7. ______________________________
8. ______________________________
9. ______________________________
10. ______________________________

Nome, data e assinatura

É URGENTE, IMEDIATO... JÁ!!!

DICA N.º 92

IMAGINE O MELHOR

Imagine que é possível...

Busque a oportunidade, encontre e negocie os recursos, apoie-se nas boas e melhores ideias e fundamente tudo em princípios, valores, leis, regras, estatutos, condições e axiomas.

DICA N.º 93

É A TAREFA

O que você precisa fazer... JÁ!

- POSICIONAR-SE;
- DIFERENCIAR-SE;
- COMPETIR;
- MENTALIZAR-SE;
- SENTIR;
- LEMBRAR;
- APRENDER;
- SERVIR;
- AJUDAR;
- LEVANTAR;
- REORGANIZAR;
- REINVENTAR;
- REORIENTAR;
- LIGAR DE NOVO.

Fazer uma boa atividade de relações públicas

- MELHORAR A DIETA
- ECONOMIZAR

Projetar uma imagem com estilo e personalidade

- SER CONGRUENTE
- REGISTRAR A SUA MARCA
- ORGANIZAR SUAS REDES SOCIAIS

Alavancar seus bons contatos, família, amigos e conhecidos

- TER UM SITE

Entrar em contato com associações, grupos e setores produtivos

- FAZER EXERCÍCIO

E o mais importante...

Buscar a Deus e reconectar-se com Ele. Que sejam feitas as pazes com Ele e reconcilie-se com tudo e com todos...

Digo a você...

Tudo vai acontecer melhor ainda!

DICA N.º 94

COMPROMISSO E RESPONSABILIDADE

Se você é um líder, um gerente, um diretor ou dono de negócios, você precisa reconhecer, motivar, treinar, atualizar, capacitar sua equipe, talento e capital humano.

É nosso dever manifestar nosso compromisso e responsabilidade social, empresarial, familiar e espiritual.

Serve-se com tudo… ou não serve!

DICA N.º 95

RECONHEÇA E IMPLEMENTE

Inspirar e motivar os outros, reconhecer seus esforços e aplaudir a boa vontade também é servir.

Reconheça e implemente a recompensa, retribua, recompense e apoie seus clientes: internos, externos e/ou digitais.

DICA N.º 96

O PODER DO SERVIÇO

O poder do serviço tem relação direta e proporcional com o estado e nível de consciência, a clareza, profundidade e amplitude da visão, o entendimento, a compreensão, o compromisso e a determinação para cumprir a missão, fazer realidade uma visão, atingir os objetivos e atingi-los com base nos princípios e valores que definem você.

DICA N.º 97

EQUAÇÃO DE DECISÃO

A variável mais importante em sua equação de decisão é... DEUS.

Ele é e Ele será a chave para fazer milagres no serviço quando tudo se complica e parece inalcançável.

Ele é quem permite que o difícil seja mais fácil, que o impossível seja possível.

Ele mesmo é o Autor intelectual e a manifestação perfeita do serviço.

DICA N.º 98

PODEM CONTAR COMIGO!

Espero servir-lhe e poder apoiar-lhe...

Você pode contar comigo!

Estou aqui!

Folha de Resumo Semanal
Resumo + Reflexão = Ação

Anote as reflexões e as decisões que você tomará.

1. ______________________________
2. ______________________________
3. ______________________________
4. ______________________________
5. ______________________________
6. ______________________________
7. ______________________________
8. ______________________________
9. ______________________________
10. ______________________________

Nome, data e assinatura

É URGENTE, IMEDIATO... JÁ!!!

DICA N.º 99

NASCI PARA ISTO

A razão da minha existência é servir...

DICA N.º 100

ANTES DE TUDO...

Decida fazer bons negócios, grandes empresas, projetos de grande alcance e de tal impacto que a ideia lhe permita e lhe faça ganhar clientes para toda a vida.

DICA N.º 101

AS VENDAS SÃO E SERÃO O RESULTADO

Você não gosta de vender?
Você não gosta de vendas?
Você não gosta de convencer?

Tenho uma proposta para você...

É, antes de tudo, um convite:

Decida servir com atitude naquilo que faz você se sentir que está vivo, naquilo que você gosta e que inclusive você seria capaz de pagar por fazê-lo. O que for! Mas faça-o de forma profissional, criativa, responsável, com honestidade e lealdade.

As vendas são e serão o resultado...

DICA N.º 102

CONTÁGIO POSITIVO

Está na hora de mudar, de sermos pessoas melhores, famílias melhores, o melhor país.

Tornem-se a melhor escolha, o pretexto, o motivo, a inspiração, a referência, o amigo.

Temos de nos projetar!

DICA N.º 103

INVISTA NELES

Vamos apostar na…

Integridade, na verdade, na ética, na honestidade e na sinceridade, que são valores incalculáveis do serviço.

Invista neles. Você terá grandes dividendos.

DICA N.º 104

O BOM JUIZ EM CASA COMEÇA

Se você não começar por você...

Ninguém pode dar uma atenção, um serviço extraordinário ao cliente, com qualidade e calor, se primeiro não o oferece a si mesmo, à sua família e à sua equipe de trabalho.

DICA N.º 105

EITA COMPROMISSO!

Sua qualidade no serviço reflete e expressa a responsabilidade e o compromisso que você tem com seus clientes, com a empresa, com o trabalho, com a equipe de trabalho, com a marca, consigo mesmo, com a vida.

Você é como você serve!

Folha de Resumo Semanal

Resumo + Reflexão = Ação

Anote as reflexões e as decisões que você tomará.

1. ______________________________
2. ______________________________
3. ______________________________
4. ______________________________
5. ______________________________
6. ______________________________
7. ______________________________
8. ______________________________
9. ______________________________
10. ______________________________

Nome, data e assinatura

É URGENTE, IMEDIATO... JÁ!!!

DICA N.º 106

MUDE O MUNDO

Tomar a decisão de servir permite-lhe alcançar uma melhor relação consigo mesmo, com todos os outros, com o ambiente, com o mundo, com tudo.

Reconecte a alma, a mente, o corpo, as pessoas, os negócios, o mundo por meio do seu serviço.

DICA N.º 107

TER UM PORQUÊ

Qual é a razão, o motivo, o porquê e para que é o seu trabalho, a sua atividade profissional?

Destaque, sublinhe e indique quais são os seus...

- Porque tenho de trabalhar;
- Porque não me serve ou não tenho outra;
- Porque foi para isto que estudei;
- Porque tenho de pagar o aluguel;
- Porque tenho de pagar os cartões de crédito;
- Porque eu tenho dívidas;
- Para ganhar mais;
- Porque vou ao clube de amigos, esportivo/social;
- Para pagar o carro e o aluguel;
- Porque visto a moda, a marca;
- Pelo meu estilo de vida;
- Pelo que vão dizer;
- Por medo;
- Porque tenho de conseguir algo na vida;

- Porque eu amo isso;
- Por todos os compromissos que tenho;
- Pela casa, a hipoteca ou a renda;
- Simples... arrisco por dinheiro!;
- Porque tenho de pagar meus serviços básicos;
- Para minha mãe, meu pai, meus irmãos, minha família;
- Porque eu quero casar (ou queremos...);
- Para cobrir uma quota ou chegar à meta;
- Porque quero aprender;
- Porque tenho um bebê ou está a caminho;
- Porque vou sair de casa;
- Porque preciso de experiência;
- Porque quero subir de posto, de nível;
- Porque desejo e preciso ser reconhecido;
- Porque quero ir longe;
- Porque eles me impuseram;
- Porque eu preciso economizar;
- Porque tenho de pagar meus estudos;
- Porque foi tudo o que consegui;
- Porque quero sair do país;
- Porque quero viajar pelo mundo;
- Porque preciso ou quero fazer uma cirurgia;
- Porque... vamos ver o que sai!;
- Porque quero o novo iPhone;

- Porque eu gosto do antro, concertos, viagens;
- Pelos meus filhos;
- Porque é a minha oportunidade;
- Porque eu amo meu trabalho;
- Porque eu gosto;
- Pela(o) minha(meu) esposa(o);
- Para ganhar mais dinheiro;
- Pela fama;
- Infelizmente;
- Porque quero ser sócio;
- Para ter minha própria empresa;
- Pelo prestígio que tenho e dá a esta empresa;
- Para praticar, estragar e empreender;
- Para continuar a estudar;
- Porque eu devo favores;
- Por compromisso;
- Pela bolsa que tenho;
- Por necessidade;
- Para comprar um terreno;
- Para comprar e ter minha própria casa;
- Porque eu sou apaixonado;
- É o meu karma;
- Nasci para isto;
- É o que sempre sonhei;

- Para transcender;
- Para gerar;
- Quero merecer o céu;
- Eu jurei;
- Pelo desejo de aprender;
- Para viver;
- Para ser alguém;
- Para criar;
- Para projetar;
- Para inventar;
- Por gratidão;
- Por estatuto;
- Porque ainda tenho tempo e oportunidade
- Porque quero ser alguém na vida;
- Porque quero ter e comprar muitas coisas;
- Porque eu quero começar;
- Porque estou doente e preciso de remédios;
- Porque tenho família;
- Por causa das minhas loucuras;
- Para ficar bem;
- Para que me contratem;
- Para que me paguem;
- Para sair deste buraco;
- Porque não quero isto.

DICA N.º 108

SÁBIA DECISÃO

Decida pela melhor opção com base em números, resultados, antecedentes, princípios, valores, crenças, atitudes, temperamento, estudos, experiência, visão, academia, caráter, fé, trajetória, conquistas e reconhecimentos.

No serviço há muito em jogo...
Tome uma boa decisão!

DICA N.º 109

VIVER A NOSSA RESPONSABILIDADE

Hoje, mais do que nunca, temos de confirmar e manifestar a nossa responsabilidade cívica, familiar, social, nacional, internacional e global.

Servir é responder ao chamado da vida...

DICA N.º 110

BUSQUE AS RESPOSTAS

Como você pode servir o cliente sem o conhecer?

Pergunte, escute, pense e confirme que você entende, compreende e sabe do que o cliente está a falar. Nunca fique com dúvidas, evite supor ou especular.

DICA N.º 111

GANHE TEMPO PARA VOLTAR A SERVIR

Desculpe-me, perdoe-me e sinto muito.

Serão as palavras que poderão ajudá-lo a ganhar tempo para voltar a servir, consertar, corrigir, conseguir, compensar e entregar mais do que se espera.

DICA N.º 112

PERSONALIZE TUDO

Personalize!
Personalize!
Personalize!

- OS PRODUTOS;
- OS SERVIÇOS;
- OS ESPAÇOS;
- OS MOMENTOS;
- AS EXPERIÊNCIAS;
- AS BOAS-VINDAS;
- AS DESPEDIDAS.

Folha de Resumo Semanal
Resumo + Reflexão = Ação

Anote as reflexões e as decisões que você tomará.

1. ______________________________
____
2. ______________________________
____
3. ______________________________
____
4. ______________________________
____
5. ______________________________
____
6. ______________________________
____
7. ______________________________
____
8. ______________________________
____
9. ______________________________
____
10. ______________________________
____

Nome, data e assinatura

É URGENTE, IMEDIATO... JÁ!!!

DICA N.º 113

A ESTRUTURA DO SERVIÇO

A qualidade dos pensamentos, sentimentos, decisões, palavras e atos por meio da ação de servir é o que gera a oportunidade, a reação e o resultado.

É melhor servir de corpo e alma.
Serve-se com a mente, as ideias,
o coração, a paixão e a vida.

DICA N.º 114

ESPECIALISTA EM COISAS IMPOSSÍVEIS

Sempre que isso seja o correto, conveniente, justo e o melhor; com sabedoria e inteligência, com a alma, com o coração, a todo momento, em nossos trabalhos, na empresa, com a família, nos negócios, no país, no México, e em todo o mundo, façamos que seja possível.

Vamos fazer o impossível possível...

DICA N.º 115

OS PRIMEIROS CLIENTES

O serviço começa em casa...

Os primeiros a se beneficiarem de nossa transformação positiva na arte de servir são os locais, os do lar. Que eles sejam parte da experiência de um serviço feito com o que há de melhor de forma apaixonada, natural, espontânea e comprometida.

DICA N.º 116

PALAVRAS MÁGICAS DO SERVIÇO

Frases que encorajam, conectam e predispõem:

- Estamos prontos para servir!
- Em frente!
- Por favor, por favor!
- O prazer é meu!
- É claro que sim!
- Muito prazer em conhecê-lo!
- Em seguida!
- Pra já!
- Vou correndo!

DICA N.º 117

QUEM SABE MAIS, GANHA MUITO MAIS!

Eduque, atualize, fortaleça e capacite as pessoas para servirem.

As vendas são sempre o resultado, a consequência do atendimento, do serviço e da experiência que o cliente vive de uma forma consistente.

DICA N.º 118

ALTAMENTE COMPETITIVO

Nossos trabalhos e serviços têm de ser altamente competitivos, com um nível de excelência extraordinário, limpo, rápido, acessível, ecológico, global, que permita economizar tempo, esforço, dinheiro, recursos e coragem.

DICA N.º 119

SOLUCIONEMOS PROBLEMAS

Solucionemos problemas e ofereçamos soluções, fornecendo respostas efetivas, criativas, com emoção e convicção.

Facilitemos os recursos e inovemos na operação.

Evolua!

Você pode se tornar um especialista, um perito, um solucionador, uma referência!

Folha de Resumo Semanal

Resumo + Reflexão = Ação

Anote as reflexões e as decisões que você tomará.

1. ______________________________
____

2. ______________________________
____

3. ______________________________
____

4. ______________________________
____

5. ______________________________
____

6. ______________________________
____

7. ______________________________
____

8. ______________________________
____

9. ______________________________
____

10. ______________________________
____

Nome, data e assinatura

É URGENTE, IMEDIATO... JÁ!!!

DICA N.º 120

GRATIDÃO POR TUDO

A gratidão é a elegância da alma.

Poder servir é algo que se agradece sempre...

- OBRIGADO POR NOS CONVIDAR;
- OBRIGADO POR CHEGAR;
- OBRIGADO POR SUA CONFIANÇA;
- OBRIGADO POR ESTA OPORTUNIDADE;
- OBRIGADO PELA SUA COMPRA;
- OBRIGADO PELO SEU PAGAMENTO;
- OBRIGADO POR TER VOLTADO;
- OBRIGADO POR NOS RECOMENDAR;
- OBRIGADO POR SUA PREFERÊNCIA;
- OBRIGADO POR SUA AMIZADE;
- OBRIGADO POR EXISTIR;
- OBRIGADO POR TUDO ISSO.

Folha de Resumo Semanal
Resumo + Reflexão = Ação

Anote as reflexões e as decisões que você tomará.

1. ____________________
2. ____________________
3. ____________________
4. ____________________
5. ____________________
6. ____________________
7. ____________________
8. ____________________
9. ____________________
10. ____________________

Nome, data e assinatura

É URGENTE, IMEDIATO… JÁ!!!

Eu desfrutei compartilhar
este livro com você...
Vamos para a reta final!

PAUSA PARA ANÁLISE DE VARIÁVEIS DETERMINANTES

O que você não mede não pode melhorar.

A seguir, convido-lhe a considerar as seguintes variáveis ao longo destes trinta dias, desde que decidiu servir com uma nova consciência, atitude, criatividade e estratégia.

NÚMERO DE FELICITAÇÕES OU RECONHECIMENTOS REALIZADOS PELOS CLIENTES	
NÚMERO DE SORRISOS, "OBRIGADO" E "ATÉ BREVE" QUE FORAM RECEBIDOS	
NÚMERO DE RECOMPRAS OU RENOVAÇÃO DE CONTRATOS NOS ÚLTIMOS 30 DIAS	
AUMENTO DO TÍQUETE MÉDIO	
TAXA DE PONTUALIDADE NAS ENTREGAS	
NÚMERO DE DEVOLUÇÕES, RECLAMAÇÕES E GARANTIAS	
RECOMENDAÇÕES GERADAS E CONFIRMADAS	
NÚMERO DE PROPINAS, BÔNUS E EXTRAS RECEBIDOS	
OPORTUNIDADES DE CRESCIMENTO, RECONHECIMENTO, AUMENTO DE SALÁRIO, COMISSÕES E INCENTIVOS	

Ideias, Comentários e Sugestões dos Clientes

Resumo + Reflexão = Ação

DICA N.º 121

SEM QUE DOA

Quando você tem uma má experiência com um cliente, você imediatamente decide esquecer e, se for o caso, perdoar.

¡The Next!

Perdoar é lembrar sem doer...

DICA N.º 122

VOCÊ AINDA PODE CONTINUAR

Se você se decidir...

Se você decidir ser corajoso, se esforçar, se concentrar e se concentrar em servir, você ainda pode continuar, você ainda pode tentar e é mais seguro, provável e possível que você possa conseguir.

DICA N.º 123

ATÉ À PRÓXIMA VEZ!

Quero escrever, ler e expressar que continuarei aprendendo, empreendendo e servindo.

Até o último suspiro, até o último clique, até a última chamada, a última mensagem, meu último post, até sempre...

DICA N.º 124

É E SEMPRE SERÁ

Compartilhar os momentos que dão sentido e significado à minha vida permite-me recordar e não esquecer que a vida é para viver, para servir, e não para suportar.

Servir é e sempre será:

Emocionante, cativante, encantador, delicioso, maravilhoso, um privilégio e uma honra!

DICA N.º 125

CONQUISTAR SUA VIDA

Que servir faça você…

- DESPERTAR;
- TRABALHAR;
- SERVIR;
- VIBRAR;
- CONECTAR-SE;
- SONHAR!!!

Conquistar a sua vida!

DICA N.º 126

SERVIR TEM ECO NA ETERNIDADE

Quando se trata de servir, do serviço ao cliente, trata-se de pessoas, atitudes, inteligência, processos, tecnologia, equipamentos, ideias, do mundo, do universo...

E até a eternidade!

Folha de Resumo Semanal

Resumo + Reflexão = Ação

Anote as reflexões e as decisões que você tomará.

1. ______________________________

2. ______________________________

3. ______________________________

4. ______________________________

5. ______________________________

6. ______________________________

7. ______________________________

8. ______________________________

9. ______________________________

10. ______________________________

Nome, data e assinatura

É URGENTE, IMEDIATO... JÁ!!!

DICA N.º 127

AÍ ESTÁ O DETALHE

Use certos detalhes, enfeites e acessórios.

O melhor são os sorrisos!

O serviço com empatia e interesse sempre se conecta. Ele utiliza certos detalhes, adornos e acessórios ao poder servir, apoia-se das palavras corretas, dos cumprimentos sinceros, do entusiasmo e da intenção, de reconhecimentos positivos, de presentes e de muitos sorrisos.

DICA N.º 128

É O QUE VALE

Nas vendas e no serviço ao cliente...

Não é o que custa, é o que vale...
É fácil assim!

DICA N.º 129

MEMORÁVEL E INESQUECÍVEL

Decida brindar tal qualidade e calor em sua atenção, serviço e experiência, que possa gerar...

uma marca positiva, memorável e inesquecível.

Certamente você precisará de uma adequada direção (conselho, recomendação, instrução, orientação e experiência), muito esforço, caráter, liderança, convicção, paciência e determinação.

Para isso, lembre-se de que são necessárias toneladas de atitudes, habilidades extraordinárias, informações, dados e conhecimento.

DICA N.º 130

É PARA SERVIR

Alinhe e conecte os pontos com o sentido, a razão e o significado que tem tudo o que você faz no momento de trabalhar com o porquê e para quê.

Pessoalmente, desejo que a partir de hoje a resposta seja a seguinte:

É para servir!

DICA N.º 131

QUE CHATO!

Lembre-se de que uma missão e uma visão sem o sentido do serviço perderá força, desconectará e fará com que tudo seja aborrecido e superficial.

DICA N.º 132

UMA LINHA TÊNUE

Existe uma linha muito tênue entre um comprador, um cliente, o vendedor e o fornecedor.

Não perca o cliente, a relação ou a oportunidade para servir por uma crença sem motivo ou sem razão, por uma emoção equivocada ou uma simples ideia que tenha uma incompreensível antipatia.

DICA N.º 133

CHAME-ME PELO MEU NOME! SOU SEU CLIENTE!

Falar "tu" ou "você" não lhe faz melhor ou pior, mas projeta e reflete que você entende quem é o cliente, que você se interessa e se importa.

Sempre que possível, mencione o nome ou sobrenome do cliente, perceba se é conveniente, se ele gosta e se ele permite.

O estilo e a personalidade de sua atenção e serviço distinguem e marcam uma grande diferença profissional.

Folha de Resumo Semanal
Resumo + Reflexão = Ação

Anote as reflexões e as decisões que você tomará.

1. ______________________________
____
2. ______________________________
____
3. ______________________________
____
4. ______________________________
____
5. ______________________________
____
6. ______________________________
____
7. ______________________________
____
8. ______________________________
____
9. ______________________________
____
10. ______________________________
____

Nome, data e assinatura

É URGENTE, IMEDIATO... JÁ!!!

DICA N.º 134

NÃO DEIXE QUE...

Quando você sabe e as pessoas reconhecem que você serve, que você deve fazer bem o que você sabe fazer, que você sempre dá o melhor de si, que brinda valor agregado, que você dá mais sem esperar algo a mais...

por favor…

Não deixe que desvalorizem você, que mintam pra você, que enganem você, que caçoem de você!

DICA N.º 135

VOCÊ QUER VIVER? DECIDA SERVIR!

Decidir servir emociona, entusiasma, gera felicidade e transforma.

É questão de acreditar, decidir, agir, ter a atitude, o firme compromisso e uma clara e inspiradora convicção do que é...

SERVIR!

EPÍLOGO

«Quem não vive para servir não servirá para muito».

Se estamos compartilhando esta leitura, tenho a certeza de que você já me conhece, com toda a certeza você já percebeu que há muito por fazer, mas, acima de tudo, há muito no que podemos servir.

É a sua vez! É o seu momento!

Conte comigo!

Quando você decide servir com uma nova forma de pensar, de falar e de agir, isso fará com que seja transcendental, que tudo o que você faça, some, multiplique, divida e subtraia. Então acontecerá que...

«Em qualquer ação de serviço, haverá reação, compensação e oportunidade».

Conte comigo, sou Miguel Uribe, continuemos em contato.

El Servicio Vende®

RECONHECIMENTOS, ADMIRAÇÃO E AGRADECIMENTOS

Primeiramente, a DEUS, Autor intelectual e o perito do serviço.

Aos meus pais, Leonardo e Leticia.

À minha esposa, amiga, sócia, cúmplice e linda companheira de viagem, Tania.

A Bitia, Ziza, Jehu e Isai.

Aos meus maravilhosos sogros, Jesús e Elvis María.

E a todos me motivaram e inspiraram a ser uma pessoa melhor, a continuar aprendendo, empreendendo e servindo com todo o coração... com toda a alma.

E ao FestQuali que serve ao planeta com ações de melhoria para as empresas e as pessoas.

MIGUEL URIBE

EL SERVICIÓLOGO®

A Vida É para Viver, É para Servir...

Coloco a seu serviço, sobre a mesa e na tela, minha experiência, as mais de 21.000 horas brindando conferências e cursos em todo o México, Centro-América e América do Sul. Compartilho com você que cerca de 65.000 pessoas foram inspiradas, motivadas e empoderadas para servir e cerca de 800 marcas líderes de todo o México já fortaleceram sua atitude, cultura e estratégia de serviço com as ideias, método, conceito e experiência de seu servidor, o "servo de serviço"!

Estudei a carreira de Desenvolvimento Empresarial na UNICO com cerca de uma dezena de diplomados no Tec de Monterrey Campus Guadalajara e no ITESO.

Aprendi como é relevante o serviço ao cliente ao trabalhar e servir como assistente nos departamentos de Extensão Acadêmica do ITESM, na EGADE do campus Guadalajara e no departamento de DCD Comunicação e Desenvolvimento da U.A.G., em reitoria.

Graças à oportunidade e confiança que me deram em Graficolors, com Fito Velázquez, Cristal Arte e Publicidade, com Gerardo Monroy, A-Z, com Arnoldo Redondo, na Extensão Acadêmica, com Edgar Ramírez e Tere Gutiérrez, na Conexpo, com Ángel Sánchez, e na INPLAS, com minha mãe Leticia Maeda, entendi perfeitamente que...

«Sem vendas, não há negócios, e sem clientes, não há nada».

Sou Miguel Uribe e estas foram as minhas primeiras…

135 dicas para servir.

Adquirir e investir tempo de qualidade na leitura e reflexão no livro do serviço dá-lhe direito a receber ideias, esclarecimentos, acompanhamento e apoio ao longo da sua leitura, e você poderá realizar perguntas ao autor relacionadas ao serviço, à atenção, às vendas e à experiência que você está gerando.

Entre em contato pelo e-mail que segue:
tipsparaservir@gmail.com

E/ou pelo Whatsapp no número:

+52 3314272555

Partilhemos ideias, pensamentos, crenças e opiniões sobre o serviço.

¡Estoy para servirte!

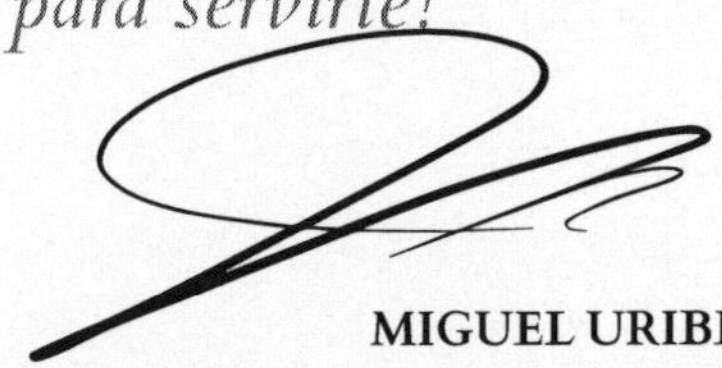

MIGUEL URIBE

Entre em sintonia com o Mundo

Qualitymark Editora Ltda.

Rua Carlos Machado, 155 – sala 207
Polo Cine e Vídeo – Jacarepaguá
22775-042 – Rio de Janeiro – RJ
Tels.: (21) 3597-9055 / 3597-9056
Vendas: (21) 3296-7649

E-mail: quality@qualitymark.com.br
www.qualitymark.com.br

Dados Técnicos:

• Formato:	14 x 21 cm
• Mancha:	11 x 17cm
• Fonte:	Cardo
• Corpo:	12
• Entrelinhas	16
• Total de Páginas:	232
• 1ª Edição	2023